BEI GRIN MACHT SICH IHR WISSEN BEZAHLT

- Wir veröffentlichen Ihre Hausarbeit, Bachelor- und Masterarbeit
- Ihr eigenes eBook und Buch - weltweit in allen wichtigen Shops
- Verdienen Sie an jedem Verkauf

Jetzt bei www.GRIN.com hochladen und kostenlos publizieren

Bibliografische Information der Deutschen Nationalbibliothek:

Die Deutsche Bibliothek verzeichnet diese Publikation in der Deutschen Nationalbibliografie; detaillierte bibliografische Daten sind im Internet über http://dnb.d-nb.de/ abrufbar.

Dieses Werk sowie alle darin enthaltenen einzelnen Beiträge und Abbildungen sind urheberrechtlich geschützt. Jede Verwertung, die nicht ausdrücklich vom Urheberrechtsschutz zugelassen ist, bedarf der vorherigen Zustimmung des Verlages. Das gilt insbesondere für Vervielfältigungen, Bearbeitungen, Übersetzungen, Mikroverfilmungen, Auswertungen durch Datenbanken und für die Einspeicherung und Verarbeitung in elektronische Systeme. Alle Rechte, auch die des auszugsweisen Nachdrucks, der fotomechanischen Wiedergabe (einschließlich Mikrokopie) sowie der Auswertung durch Datenbanken oder ähnliche Einrichtungen, vorbehalten.

Impressum:

Copyright © 2018 GRIN Verlag
Druck und Bindung: Books on Demand GmbH, Norderstedt Germany
ISBN: 9783668635876

Dieses Buch bei GRIN:

https://www.grin.com/document/412388

Leon Riemer

Cybermobbing und die Sprache des Internets

GRIN Verlag

GRIN - Your knowledge has value

Der GRIN Verlag publiziert seit 1998 wissenschaftliche Arbeiten von Studenten, Hochschullehrern und anderen Akademikern als eBook und gedrucktes Buch. Die Verlagswebsite www.grin.com ist die ideale Plattform zur Veröffentlichung von Hausarbeiten, Abschlussarbeiten, wissenschaftlichen Aufsätzen, Dissertationen und Fachbüchern.

Besuchen Sie uns im Internet:

http://www.grin.com/

http://www.facebook.com/grincom

http://www.twitter.com/grin_com

Cybermobbing

und

die Sprache des Internets

Ein Vergleich verschiedener Anwendungskreise

Geschrieben von Leon Riemer

Deutsch GK 3

Q2, 1. Halbjahr 2017/18

Inhaltsverzeichnis

Einleitung 3
Cybermobbing – was ist das eigentlich? 4
Die Sprache des Internets 5
Problemfrage: Wie ist die deutsche Sprache zu wahren? 7
Fazit und eigene Stellungnahme 9
Literaturverzeichnis und Anhang 11

Einleitung

Auf der Suche nach einem spannenden und möglichst bekannten Thema ist mir das Problem des Cybermobbings eingefallen und dies vor allem in Bezug auf die modernen Medien und die Sprache des Internets. Cybermobbing ist für mich eine sehr aktuelle und wichtige Thematik. Dieses Thema spielt in der heutigen Gesellschaft eine große Rolle und nimmt auch in verschiedensten Weisen im Unterrichtsgeschehen eine große Rolle ein. Dadurch, dass wir in den modernen Medien und im Besonderen in den sozialen Plattformen über dieses Problem in Kontakt kommen und somit informiert werden, ist im Grunde jeder in der Lage, etwas über diesen Themenbereich zu erzählen. Jeder tritt damit in Kontakt, egal ob man es möchte oder nicht. Mobbing ist generell gesagt ein sehr großes Thema und Cybermobbing ein Unterthema davon. Im Pädagogikunterricht wurde dieses Thema in der Q1.1 ausführlich genug behandelt, um feststellen zu können, dass viel mehr Leute betroffen sind als man es glaubt. Das Ganze geschieht sehr häufig in den sozialen Plattformen und die Mittel sind wirklich interessant. Als Außenstehender kann man denken, dass heutzutage in einer komplett anderen Sprache geschrieben wird. Aber doch, es handelt sich um die deutsche Sprache, zwar ist diese etwas verfremdet, dennoch kann man sie verstehen. Die Sprache des Internets löst momentan die geregelte deutsche Sprache zumindest im Internet ab, um eine schnellere Kommunikation zu ermöglichen. Auch diese Art von Problemstellung fasziniert mich, da der Sprachwandel und in gewissen Zügen auch der Sprachverfall ein hoch interessanter Fall ist, welches uns alle betrifft und somit sehr aktuell ist. Dem Thema Mobbing liegt also der Sprachwandel und die Sprache des Internets zugrunde. Meinen Überlegungen zufolge habe ich also zwei ansprechende Themen gefunden, welche eine Verbindung haben und es sich daher lohnt, diese zwei Bereiche zu kombinieren.

Da die Welt nie aufhört zu funktionieren und daher der Kreislauf nicht gestoppt wird, ist folgende Fragestellung entstanden: *Wie ist die deutsche Sprache zu wahren?* Muss man dazu erst die Sprache des Internets „eliminieren" oder reicht simples Aufklären? Dieser Frage werde ich in der Folgenden Ausarbeitung auf den Grund gehen und schlussendlich zu einem Fazit und einer Erklärung kommen.

Cybermobbing – was ist das eigentlich?

Viele Menschen fragen sich sicherlich, was Cybermobbing ist, da sie nur das ganz „normale" Mobbing kennen. Mobbing wird genutzt, um das Wort „ärgern" zu ersetzen. Selbst das Wort an sich ist also ein Neologismus. Mobbing findet auf einer Ebene statt, die jeder nachvollziehen kann und bei der jeder etwas mitbekommt. Cybermobbing hingegen geschieht eher versteckt im Internet. Um Leute zu ärgern (bzw. zu mobben) werden soziale Plattformen wie Facebook, WhatsApp und Instagram genutzt, aber auch Internetforen oder Videokommunikationsprogramme wie Skype. Es ist zu vermuten, dass vor Allem die Jugendlichen von Cybermobbing betroffen sind, da diese die genannten Plattformen vermehrt nutzen um sich auszutauschen. Cybermobbing ist also nichts anderes, als andere Personen im Internet zu bedrohen, zu beleidigen oder bloß zu stellen. Das Schlimme daran ist jedoch, dass der Täter heutzutage im Internet eine versteckte Identität hat und somit inkognito ist, sodass man diesen nicht kennt. Es macht sich keiner Gedanken über die möglichen Folgen von Cybermobbing, keiner weiß, was in den Köpfen der Täter und vor Allem der Opfer vor sich geht. Zwar ist der Vergleich sehr gewagt, jedoch trifft es hier deutlich zu: Mobbing hat eine ähnliche Wirkung wie Rauchen: *Es ist tödlich.*[1] Vielen ist es völlig egal wie es einem damit geht, so lange man nichts falsch macht, ist alles gut. Man bekommt von dem Cybermobbing als Geschädigter meist zuletzt mit, was um einen herum passiert. Ab dem Zeitpunkt, ab dem die ganze Schule, das gesamte Umfeld schlecht über jemanden redet und ständig über diese Person lacht, gehört diese schon längst zu den „Opfern", zu den Außenseitern, die von nun an nicht mehr dazugehören. Man wird separiert, versteht die anderen Personen nicht mehr, als würden sie eine andere Sprache sprechen – und genau das machen sie auch. Die „Mobber", also die Täter, nutzen eine Geheimsprache, die wirklich nur bestimmte Leute verstehen, meist betrifft dies Jugendliche. Hierbei handelt es sich um die Sprache des Internets.

---

[1] Aus: https://www.slideshare.net/Wettbewerb/09-3-3middelfeldtvolkmannba (vgl. Anhang 1.1)

Die Sprache des Internets

Nach einer kurzen Beschreibung von Cybermobbing wird nun das Mittel besonders wichtig: Die Sprache. Genauer: Die Sprache des Internets. Es handelt sich hierbei weder um die Alltagssprache der Erwachsenen, noch um die Sprache der Jugendlichen, es handelt sich hierbei um eine eigene Sprache, eine Sprache, welche auf der Basis der insgesamt 5,3 Millionen deutschen Wörtern entstanden ist. Dabei handelt es sich jedoch lediglich um die Basis, den Kern dieser Sprache bilden jedoch mehrere Elemente, wie zum Beispiel das Benutzen von Wörtern anderer Sprachen oder von eigens kreierten Wörtern. Diese Elemente setzen sich aus sprachlichen Mitteln zusammen. Ob Neologismen, Metaphern, Personifizierungen, Hyperbeln oder Klimax, die Liste an sprachlichen Mitteln der deutschen Sprache und der des Internets ist sehr lang. Man sagt, dass die Hauptsprache im Internet Englisch sei, das Internet wurde schließlich auch in Amerika entdeckt, trotzdem kommen immer mehr Sprachen dazu, das Internet erreicht immer mehr Menschen und somit mehrere Kulturen, welche ihre eigene Sprache einbringen. 82 Sprachen. Das ist die Anzahl der Sprachen, die die Suchmaschine „Google" unterstützt[2]. Die Sprache des Internets ist jedoch von Land zu Land individuell und somit gibt es unzählige verschiedene Abwandlungen. Unsere[3] Sprache besteht zu einem Großteil aus dem Deutschen, der Rest wird von anderen Sprachen, vor allem von der englischen Sprache, gebildet. Es wäre falsch zu sagen, dass diese Sprache leicht verständlich ist und somit jeder Zugriff auf diese hat, denn genau dies ist nicht der Fall. Die Sprache des World Wide Web[4] wird meist von Jugendlichen problemlos verstanden, diese sind schließlich die Zielgruppe der Benutzer und selbst die stärksten Konsumenten. Erwachsene hingegen, vor allem Personen, welche sich im Rentenalter befinden, haben hingegen große Schwierigkeiten, sich im World Wide Web zurecht zu finden. Das liegt zum großen Teil daran, dass noch immer ca. 56% aller Webseiten auf Englisch sind und somit schwer verständlich für wen, der nicht tagtäglich mit dieser Sprache in Kontakt tritt.[5] Zwar entwickelt sich das Internet immer weiter und es wird selbstverständlich ausgeweitet und größtenteils übersetzt, jedoch findet sich ein „Normalverbraucher" weniger gut zurecht als ein aktiver Konsument, welcher die Jugendsprache, welche in Internetforen oftmals genutzt wird, beherrscht.

---

[2] Aus: http://www.wissen.de/sprache-im-internet („Welche Sprache spricht das Web"; Z. 4)
[3] Unsere = die deutsche Sprache
[4] Kurz: www (en.).
[5] Aus: http://www.wissen.de/sprache-im-internet („Welche Sprache spricht das Web"; Z. 7)

Demnach kommt man zu dem ernüchternden Fazit, dass die Internetsprache selbst stetig in Entwicklung ist, sie jedoch auf der landesüblichen Sprache basiert, diese jedoch wiederum in einer abgewandelten Form auftritt.

Problemfrage: Wie ist die deutsche Sprache zu wahren?

Cybermobbing zu stoppen ist unmöglich; es jedoch einzuschränken liegt in greifbarer Nähe. Manch einer wird sich denken, dass selbst dies nur eine Floskel ist, doch wenn man die Sprache des Internets einschränkt, in dem man vermehrt auf die „richtige"[6] Benutzung der Deutschen Sprache achtet, vor allem in den „Gebieten"[7] der Jugendlichen, so rückt die eigentliche Sprache wieder in den Vordergrund und die Jugendsprache hingegen in den Hintergrund. Die Autorin Jutta Christine Schork befasste sich mit diesem Thema der Spracherhaltung und der damit verbundenen Rolle der Schule, denn kaum einer lehrt besser als die Lehrer. So schrieb die Autorin das Buch „Die Rolle der Schule im Prozess der Spracherhaltung einer Minderheitssprache"[8]. Es sei wichtig, offen auf die Schüler zuzugehen, denn jeder einzelne sei individuell, die Sprache hingegen größtenteils gleich und genau dies sei der entscheidende Punkt, an den anzuknüpfen sei. Jeder Einzelne nutze diese sozialen Netzwerke und jeder Einzelne erwerbe dadurch linguistische Kompetenzen, das heißt, dass man seine Sprache durch die Verschriftlichung von Texten oder das Lesen dieser ausweite. Immer häufiger rücke jedoch ein weiterer Teil der Sprache in den Vordergrund und gewinne wohlmöglich mehr Aufmerksamkeit als bloße Kommentare und Texte: die sprachliche Vermittlung in Form eines Videos[9]. Man findet in der schriftlichen, internetbasierten Sprache immer häufiger Aspekte der mündlichen Sprache, weshalb hier eine Kombination aus mündlicher und schriftsprachlicher Versprachlichungsmuster entsteht. Demnach handelt es sich hierbei um Variationslingustik. Die Sprachwissenschaftler Peter Koch[10] und Wulf Oesterreicher[11] entwickelten 1985 die Theorie der konzeptionellen Mündlichkeit und Schriftlichkeit[12], welche sich auf ein pragmatisches Kontinuum[13] zwischen der „Sprache der Nähe" und der „Sprache der Distanz" bezieht. Zunächst einmal sollten diese beiden Begriffe näher erläutert werden: Die Sprache der Nähe wird auch als mediale[14] Mündlichkeit beziehungsweise mediale Schriftlichkeit bezeichnet, bei der es um die Realisierung der Nachricht in dem jeweiligen Medium geht. Auch

---

[6] Die ausschließliche Benutzung des Hochdeutschs, ohne Abwandlungen der Sprache
[7] Orte, an denen sich Jugendliche austauschen; z.B.: soziale Netzwerke
[8] Herausgegeben und publiziert 2007 vom Freiburg-Verlag
[9] vgl. Schork, J. C.: „Die Rolle der Schule im Prozess der Spracherhaltung einer Minderheitssprache"
[10] * 1. März 1951 in Hannover; † 7. Juli 2014 in Tübingen – deutscher Linguist, Romanist, Französist, Italianist, Mediävist
[11] * 2. Dezember 1942 in Oberbaumgarten; † 7. August 2015 in Gundelfingen-Wildtal – deutscher Linguist, Romanist, Hispanist, Hochschullehrer
[12] Vgl. Peter Koch, Wulf Oesterreicher: Sprache der Nähe – Sprache der Distanz (1985) aus „Koch, Oesterreicher 1985"
[13] Sachbezogener Zusammenhang
[14] Auf ein Medium bezogen

die Sprache der Distanz lässt sich aufteilen; jedoch in die konzeptionelle[15] Mündlichkeit beziehungsweise die konzeptionelle Schriftlichkeit.

Hierbei soll die ursprüngliche Form der Nachricht im Vordergrund stehen. Demnach lassen sich verschiedene Kommunikationsmuster auf ihre „Nähe" oder „Distanz" prüfen: so ist eine Stellungnahme, welche als Video beispielsweise auf einer sozialen Plattform erscheint, primär medial mündlich, aber auch konzeptionell mündlich. Man führt die genannte Stellungnahme in mündlicher Form durch; welche wiederum auf Worten aufbaut. Da dies aber wie erwähnt in einem Video geschieht, ist von Schriftlichkeit keine Rede; hierbei handelt es sich lediglich um die mediale, konzeptionelle Mündlichkeit. Gegenteilig hierzu steht beispielsweise ein Vortrag vor dem Kurs, welcher in mündlicher Form geschieht, also medial mündlich ist, aber auf die verschriftlichten Notizen zurückgeht, weshalb es sich hier um die konzeptionelle Schriftlichkeit handelt. Somit lassen sich die konzeptionelle Mündlichkeit und die konzeptionelle Schriftlichkeit kategorisieren: Während die konzeptionelle Mündlichkeit eine gewisse kommunikative Nähe aufweist, wessen Merkmale die physische Nähe, Spontaneität und die Dialogizität ist, macht die konzeptionelle Schriftlichkeit hingegen eine kommunikative Distanz aus, welche sich durch Monologizität und physische Distanz auszeichnet (vgl. „Koch, Oesterreicher 1985", S. 15-43).

Somit ständen Text und Gespräch im Konflikt, welcher vom Konsumenten gelöst wird. Das passiert unbewusst und automatisch.

Die Sprache wird daher in vielen verschiedenen Formen und in verschiedenen Medien gezeigt und genutzt und gewinnt so einen höheren Stellenwert in der Gemeinschaft. Doch sind sich viele Sprachwissenschaftler einig: Ein Sprachverfall findet hierdurch keineswegs statt; hier wird die Sprache erweitert, es handelt sich um eine Spracherweiterung. Somit ist der Umgang mit der Sprache im Internet positiv zu sehen. Durch eine freie Gestaltung findet eine Ausweitung statt, welche es dem „Produzenten"[16] ermöglicht seine Kompetenzen auszubilden und den „Konsumenten"[17] gleichzeitig seine Meinung zu sagen.

Demnach gibt es keinen Grund die Deutsche Sprache zu wahren. Durch eine Einschränkungsmaßnahme würde dies der Ausweitung schaden und nur deshalb würde sich die Sprache negativ verändern und beeinflussen lassen.

---

[15] Auf den Ursprung bezogen
[16] Der Autor
[17] Der Leser

Fazit und eigene Stellungnahme

Cybermobbing wird durch Sprache vermittelt, meist schriftliche Sprache. Wie der Name Cyber[18] schon sagt, geschieht dies online, genauer gesagt: in sozialen Netzwerken. Dabei gibt es wie üblich immer zwei Rollen: die, der Täter und die, der Opfer. Da dieses Szenario sehr häufig unter Jugendlichen auftritt, nutzen die Täter ihre eigene Sprache, welche für andere Altersgruppen nur schwer verständlich ist. Hierbei handelt es sich um die Jugendsprache, welche im Alltag zum Einsatz kommt. Diese beinhaltet sehr häufig Anglizismen[19], doch die Sprache, welche in den sozialen Medien und generell im „world wide web" genutzt wird, ist noch eine weitere Abwandlung davon. Im Falle von Cybermobbing scheint sie vulgär zu sein und man sucht manchmal vergebens nach dem Ursprung; dem Hochdeutsch. Zwar ist es für jeden klar, dass hier Deutsch gesprochen beziehungsweise geschrieben wird, trotzdem fällt es einem manchmal schwer zu folgen. Diese Problematik hat zur Folge, dass man sich wohlmöglich nicht mehr mit der jeweiligen Sprache identifizieren kann oder möchte und man somit von Sprachverlust spricht. „Die deutsche Sprache ist nicht mehr die, die es mal war.", hört man ältere Personen öfters sagen, „Die Jugend von heute spricht kein Deutsch mehr.", heißt es häufig. Das sind typische Sätze, welche aber falsche Vorwürfe bergen. Die Sprache geht nicht verloren, sie weitet sich schleichend aus. Die Sprache gewinnt Unmengen an neuen Wörtern, welche es einfacher machen, sich mit Personen aus anderen Ländern zu verständigen. All das sind Vorteile, für den weiteren Ausbau. Cybermobbing ist keinesfalls ein gutes Beispiel, jedoch ein Aufhänger. Ohne dieses heikle Thema wäre dies nie so eindeutig geworden, wie schnell und unbemerkt sich die Sprache zum Positiven verändert und trotzdem noch auf Ihre Ursprünge zurückzuführen ist.

Meiner Meinung nach wird sich die Sprache des Internets immer weiter entwickeln. Man merkt nicht, dass man selbst einen Teil dazu beiträgt, leugnen kann man es jedoch nicht, denn ich denke, fast jeder ist tagtäglich mit dem Internet verbunden und wird ständig von irgendwelchen Facebook-Posts überrascht, beeindruckt oder gar enttäuscht. Aber genau diese Emotionen, welche man dabei freisetzt, welche wir nur unbewusst teilen, machen Sprache aus. Sprache besteht nicht nur aus der alltäglichen, mündlichen Kommunikation sondern auch aus schriftlicher Kommunikation.

---

[18] Cyber = Internet, Netz (en.)
[19] Wörter, welche aus anderen Sprachen übernommen werden; z. B. „cool" (en.)

Ich merke ab und zu selbst, dass sich die Sprache verändert oder höre ab und zu vor allem englische Begriffe in einem deutschen Satz und frage mich, ob das jetzt zum neuen Trend wird und genau so schleichen sich die Anglizismen ein, es funktioniert wie eine Kettenreaktion: Einer beginnt damit und die anderen machen es ihm gleich. Ob es von der Menschheit so gewollt ist, ist jedoch eine weitere Frage, doch ich bin der Meinung, dass diese Ausweitung die Sprache voranbringt, dass die Kommunikation mit anderen Personen aus anderen Ländern, anderen Kulturen leichter fällt und genau deshalb sollte man die Sprache meiner Meinung nach keinesfalls einschränken. Jeder Mensch lernt stetig dazu und so tut es auch die Sprache.

Somit komme ich zur Beantwortung meiner Problemfrage:

> **Wie ist die deutsche Sprache zu wahren?**

> Gar nicht. Sie zu wahren schadet dem positiven Verlauf und der positiven Entwicklung und somit sollten keine verkrampften Versuche gestartet werden die Sprache des Internets, die Jugendsprache oder weitere Abwandlungen der deutschen Sprache zu unterbinden.

Literaturverzeichnis und Anhang

Bilderquellen:

1) https://goo.gl/bGmxPc
2) https://goo.gl/VP6oVC
3) https://goo.gl/eS4vmS
4) https://goo.gl/eS4vmS
5) https://goo.gl/JY1pPB
6) https://goo.gl/1qiHD2
7) https://goo.gl/9KbYm2
8) https://goo.gl/Z12No9
9) https://goo.gl/41Hbce

Die Abbildungen wurden von der Redaktion aus urheberrechtlichen Gründen entfernt

Buchquellen:

1) Schork, Jutta Christine: Die Rolle der Schule im Prozess der Spracherhaltung einer Minderheitssprache.
2) Koch, Peter; Oesterreicher, Wulf: Koch, Oesterreicher 1985

Internetquellen:

1) http://www.wissen.de/sprache-im-internet
2) http://www.romanistik.uni-tuebingen.de/peter-koch.html
3) https://www.romanistik.de/aktuelles/329
4) https://linguistlist.org/issues/25/25-2914.html
5) http://www.idref.fr/028785983
6) http://www.romanistik.uni-muenchen.de/personen/emeriti/oesterreicher/lebenslauf/index.html
7) http://www.phil-fak.uni-duesseldorf.de/fileadmin/Redaktion/Institute/RomanischesSeminar/Romanistik_IV/frzmed_KoOe_NaeheDistanz.pdf
8) http://werkstatt.mediensprache.net/(S(yn0gc345uhkbpg453qltai55))/(ZvW_KO)

BEI GRIN MACHT SICH IHR WISSEN BEZAHLT

- Wir veröffentlichen Ihre Hausarbeit, Bachelor- und Masterarbeit

- Ihr eigenes eBook und Buch - weltweit in allen wichtigen Shops

- Verdienen Sie an jedem Verkauf

Jetzt bei www.GRIN.com hochladen und kostenlos publizieren